目　　录

外国民用航空器飞行管理规则

中国法治出版社

中华人民共和国国务院令

第 797 号

《国务院关于修改和废止部分行政法规的决定》已经 2024 年 11 月 22 日国务院第 46 次常务会议通过，现予公布，自 2025 年 1 月 20 日起施行。

总理　李强

2024 年 12 月 6 日

国务院关于修改和废止部分行政法规的决定（节录）

为全面贯彻党的二十大和二十届二中、三中全会精神，落实党和国家机构改革精神，推进严格规范公正文明执法，优化法治化营商环境，保障高水平对外开放，国务院对涉及的行政法规进行了清理。经过清理，国务院决定：

一、对 21 部行政法规的部分条款予以修改。（附件 1）

二、对 4 部行政法规予以废止。（附件 2）

本决定自 2025 年 1 月 20 日起施行。

附件：1. 国务院决定修改的行政法规

2. 国务院决定废止的行政法规

国务院决定修改的行政法规

……

四、将《外国民用航空器飞行管理规则》第四条、第五条、第八条、第十二条至第十六条、第二十条、第二十二条、第二十四条至第二十六条、第三十条至第三十七条、第四十二条至第四十四条中的"中国民用航空总局"修改为"国务院民用航空主管部门"。

将第四十二条第一款中的"违犯"修改为"违反"。

……

此外，对相关行政法规中的条文序号作相应调整。

……

外国民用航空器飞行管理规则

（国务院批准 1979 年 2 月 23 日中国民用航空总局发布 根据 2019 年 3 月 2 日《国务院关于修改部分行政法规的决定》第一次修订 根据 2024 年 12 月 6 日《国务院关于修改和废止部分行政法规的决定》第二次修订）

第一条 外国民用航空器飞入或者飞出中华人民共和国国界和在中华人民共和国境内飞行或者停留时，必须遵守本规则。

第二条 外国民用航空器只有根据中华人民共和国政府同该国政府签订的航空运输协定或者其他有关文件，或者通过外交途径向中华人民共和国政府申请，在得到答复接受后，才准飞入或者飞出中华人民共和国国界和在中华人民共和国境内飞行。

第三条　外国民用航空器及其空勤组成员和乘客，在中华人民共和国境内飞行或者停留时，必须遵守中华人民共和国的法律和有关入境、出境、过境的法令规章。

第四条　外国民用航空器飞入或者飞出中华人民共和国国界和在中华人民共和国境内飞行，必须服从国务院民用航空主管部门各有关的空中交通管制部门的管制，并且遵守有关飞行的各项规章。

第五条　外国民用航空器根据中华人民共和国政府同该国政府签订的航空运输协定，可以在中华人民共和国境内按照协定中规定的航线进行定期航班飞行和加班飞行。

定期航班飞行，应当按照班期时刻表进行。班期时刻表必须由同中华人民共和国政府签订协定的对方政府指定的航空运输企业，预先提交国务院民用航空主管部门，并且征得同意。

加班飞行，由同中华人民共和国政府签订协定的对方政府指定的航空运输企业，最迟要在预计飞行开始前五天或者按照协定所规定的时间，向国务院民用航空主管部门提出，获得许可后，才能进行。

第六条　外国民用航空器在中华人民共和国境内进行定期航班飞行和加班飞行以外的一切不定期飞行，必须预先提出申请，在得到答复接受后，才能进行。

不定期飞行的申请，最迟要在预计飞行开始前十天通过外交途径提出。如果双边航空运输协定中另有规定的，依照规定。

第七条　不定期飞行的申请，应当包括下列内容：

（一）航空器登记的国籍，航空器的所有人和经营人；

（二）飞行的目的；

（三）航空器的型别、最大起飞重量和最大着陆重量；

（四）航空器的识别标志（包括国籍标志和登记标志）；

（五）航空器的无线电通话和通报的呼号；

（六）航空器上无线电台使用的频率范围；

（七）空勤组成员的姓名、职务和国籍，航空器上乘客的人数和货物的重量；

（八）允许空勤组飞行的气象最低条件；

（九）预计由起点机场至目的地机场的飞行航线、飞行日期和时刻，以及在中华人民共和国境内飞行的航路；

（十）其他事项。

第八条 外国民用航空器在中华人民共和国境内进行不定期飞行时，由国务院民用航空主管部门指派飞行人员（包括领航员和无线电通信员）随机引导，如果许可中有特别规定的，依照规定。

第九条 在中华人民共和国境内飞行的外国民用航空器，必须具有国籍标志和登记标志。没有国籍标志和登记标志的外国民用航空器，禁止在中华人民共和国境内飞行。

第十条 在中华人民共和国境内飞行的外国民用航空器，应当具有下列文件：

（一）航空器登记证；

（二）航空器适航证；

（三）空勤组每一成员的专业执照或者证件；

（四）航空器的航行记录簿；

（五）航空器上无线电台使用许可证；

（六）总申报单；

（七）航空器如载运乘客，应当携带注明乘客姓名及其登机地与目的地的清单；

（八）航空器如载运货物，应当携带货物仓单。

第十一条　外国民用航空器飞入或者飞出中华人民共和国国界，必须从规定的空中走廊或者进出口通过。禁止偏离空中走廊或者进出口。

第十二条　外国民用航空器飞入或者飞出中华人民共和国国界前二十至十五分钟，其空勤组必须向国务院民用航空主管部门有关的空中交通管制部门报告：航空器的呼号，预计飞入或者飞出国界的时间和飞行的高度，并且取得飞入或者飞出国界的许可。没有得到许可，不得飞入或者飞出国界。

第十三条　外国民用航空器飞越中华人民共和国国界和中华人民共和国境内规定的位置报告点，应当立即向国务院民用航空主管部门有关的空中交通管制部门作位置报告。位置报告的内容：

（一）航空器呼号；

（二）位置；

（三）时间；

（四）飞行高度或者飞行高度层；

（五）预计飞越下一位置的时间或者预计到达降落机场的时间；

（六）空中交通管制部门要求的或者空勤组认为需要报告的其他事项。

第十四条 外国民用航空器飞入或者飞出中华人民共和国国界后，如果因为天气变坏、航空器发生故障或者其他特殊原因不能继续飞行，允许其从原航路及空中走廊或者进出口返航。此时，空勤组应当向国务院民用航空主管部门有关的空中交通管制部门报告：航空器呼号，被迫返航的原因，开始返航的时间，飞行的高度，以及返航后预定降落的机场。在中华人民共和国境内，如果没有接到国务院民用航空主管部门有关的空中交通管制部门的指示，通常应当在原高度层的下一反航向的高度层上返航；如果该高度层低于飞行的安全高度，则应当在原高度层的上一反航向的高度层上返航。

第十五条 外国民用航空器在没有同国务院民用航空主管部门有关的空中交通管制部门沟通无线电联络以前，禁止飞入或者飞出中华人民共和国国界和在中华人民共和国境内飞行。

第十六条 外国民用航空器在中华人民共和国境内飞行，如果与国务院民用航空主管部门有关的空中交通管制部门的航空电台通信联络中断时，其空勤组应当设法与其他航空电台或者空中其他航空器沟通联络，传递飞行情报。如果仍然无法恢复联络，则该航空器应当按照下列规定飞行：

在目视气象条件下，应当继续保持在目视气象条件下飞行，飞往就近的机场（指起飞机场、预定的降落机场和国务院民用航空主管部门事先指定的备降机场）降落。降落时，应当按照本规则附件一《辅助指挥、联络的符号和信号》的规定进行。

在仪表气象条件下或者在天气条件不允许在目视气象条件下飞往就近的机场降落时，应当严格按照现行飞行计划飞往预定的降落机场的导航台上空；根据现行飞行计划中预计到达时间开始下降，并且按照该导航设备的正常仪表进近程序，在预计到达时间之后三十分钟以内着陆。

失去通信联络的航空器，如果无线电发信机工作正常，应当盲目发送机长对于继续飞行的意图和飞行情况，随后，在预定时刻或者位置报告点盲目发送报告；如果无线电收信机工作正常，应当不间断地守听地面航空电台有关飞行的指示。

第十七条 中华人民共和国境内航空器飞行的目视气象条件：能见度不少于八公里，航空器距离云的垂直距离不少于三百米，航空器距离云的水平距离不少于一千五百米。

第十八条 飞行的安全高度是保证航空器不致与地面障碍物相撞的最低的飞行高度。

中华人民共和国境内航线飞行的安全高度，在高原、山岳地带应当高出航线两侧各二十五公里以内最高标高六百米；在高原、山岳以外的其他地带应当高出航线两侧各二十五公里以内最高标高四百米。

第十九条 外国民用航空器在中华人民共和国境

内飞行，必须在规定的飞行高度或者高度层上进行。

中华人民共和国境内飞行的高度层，按照下列办法划分：真航线角在0度至179度范围内，高度由600米至6000米，每隔600米为一个高度层；高度在6000米以上，每隔2000米为一个高度层。真航线角在180度至359度范围内，高度由900米至5700米，每隔600米为一个高度层；高度在7000米以上，每隔2000米为一个高度层。

飞行高度层应当根据特定气压七百六十毫米水银柱为基准的等压面计算。真航线角应当从航线起点和转弯点量取。

第二十条　外国民用航空器在中华人民共和国境内每次飞行的高度或者高度层，由国务院民用航空主管部门有关的空中交通管制部门指定。

外国民用航空器在飞行中，无论气象条件如何，如果需要改变飞行高度或者高度层，必须经过国务院民用航空主管部门有关的空中交通管制部门的许可。

第二十一条　外国民用航空器在中华人民共和国境内必须沿规定的航路飞行。禁止偏离航路。

中华人民共和国境内航路的宽度最大为二十公里，最小为八公里。

第二十二条　在中华人民共和国境内飞行的外国民用航空器，其空勤组如果不能判定航空器的位置时，应当立即报告国务院民用航空主管部门有关的空中交通管制部门。

外国民用航空器在飞行中如果偏离规定的航路，国务院民用航空主管部门有关的空中交通管制部门，在可能范围内帮助其回到原航路，但对该航空器由于偏离航路飞行所产生的一切后果，不负任何责任。

第二十三条　目视飞行时航空器相遇，应当按照下列规定避让：

（一）两航空器在同一个高度上对头相遇，应当各自向右避让，相互间保持五百米以上的间隔；

（二）两航空器在同一个高度上交叉相遇，飞行员从坐舱左侧看到另一架航空器时应当下降高度，从坐舱右侧看到另一架航空器时应当上升高度；

（三）在同一个高度上超越前面航空器，应当从前面航空器右侧保持五百米以上的间隔进行；

（四）单独航空器应当主动避让编队或者拖曳物体的航空器，有动力装置的航空器应当主动避让无动力装置的航空器。

第二十四条　外国民用航空器在中华人民共和国境内飞行时，应当按照国务院民用航空主管部门规定的无线电通信的方式和无线电频率，同国务院民用航空主管部门有关的空中交通管制部门保持不间断地守听，以便及时地进行通信联络。

进行地空无线电联络，应当遵守下列规定：

（一）通报时使用国际 Q 简语；通话时使用汉语，或者使用中华人民共和国政府同意的其他语言；

（二）地理名称使用汉语现用名称或者用地名代码、地名代号、无线电导航设备识别讯号和经纬度表示；

（三）计量单位：距离以米或者公里计；飞行高度、标高、离地高度以米计；水平速度、空中风速以公里/小时计；垂直速度、地面风速以米/秒计；风向以度计（真向）；能见度以公里或者米计；高度表拨正以毫米水银柱或者毫巴计；温度以度计（摄氏）；

重量以吨或者公斤计；时间以小时和分钟计（格林威治平时二十四小时制，自子夜开始）。

第二十五条　在中华人民共和国境内飞行的外国民用航空器，应当在国务院民用航空主管部门指定的机场降落。降落前应当取得降落机场的空中交通管制部门的许可；降落后，没有经过许可，不得起飞。

不定期飞行的外国民用航空器降落后，其机长还应当到机场空中交通管制部门报告在中华人民共和国境内的飞行情况，并且提交有关下一次飞行的申请。

第二十六条　外国民用航空器的空勤组必须在起飞前做好飞行准备工作，机长或其代理人至少要在预计起飞前一小时向国务院民用航空主管部门有关的空中交通管制部门提交飞行计划。

如果航空器延误超过规定起飞时间三十分钟以上时，应当修订该飞行计划，或者另行提交新的飞行计划，并且撤销原来的飞行计划。

第二十七条　中华人民共和国境内机场的起落航线飞行通常为左航线。起落航线的飞行高度，通常为三百米至五百米。进行起落航线飞行时，禁止超越同型或者速度相接近的航空器。航空器之间的纵向间隔，一般应当保持在二千米以上，并且还要考虑航空器尾流的影响。经过机场空中交通管制员许可，大速度航空器可以在第三转弯前从外侧超越小速度航空器，其横向间隔不得小于五百米。除被迫必须立即降落的航空器外，任何航空器不得从内侧超越前面的航空器。

加入起落航线飞行必须经过机场空中交通管制员许可，并且应当顺沿航线加入，不得横向截入。

第二十八条　外国民用航空器在航空站区域内目视气象条件下飞行时，其空勤组应当进行严密的空中观察，防止与其他航空器碰撞；如果发生碰撞，航空器的机长应负直接责任。

第二十九条　外国民用航空器在中华人民共和国境内的机场起飞或者降落，高度表拨正程序按照下列规定进行：

（一）规定过渡高度和过渡高度层的机场

航空器起飞前，应当将机场场面气压的数值对正航空器上气压高度表的固定指标；航空器起飞后，上升到过渡高度时，应当将航空器上气压高度表的气压刻度七百六十毫米对正固定指标。航空器降落前，下降到过渡高度层时，应当将机场场面气压的数值对正航空器上气压高度表的固定指标。

（二）没有规定过渡高度和过渡高度层的机场

航空器起飞前，应当将机场场面气压的数值对正航空器上气压高度表的固定指标；航空器起飞后，上升到六百米高度时，应当将航空器上气压高度表的气压刻度七百六十毫米对正固定指标。航空器降落前，进入航空站区域边界或者根据机场空中交通管制员的指示，将机场场面气压的数值对正航空器上气压高度表的固定指标。

（三）高原机场

航空器起飞前，当航空器上气压高度表的气压刻度不能调整到机场场面气压的数值时，应当将气压高度表的气压刻度七百六十毫米对正固定指标（此时所指示的高度为假定零点高度）。航空器降落前，如果航空器上气压高度表的气压刻度不能调整到机场场面气压的数值时，应当按照降落机场空中交通管制员通知的假定零点高度（航空器着陆时所指示的高度）进行着陆。

第三十条 外国民用航空器在中华人民共和国境内起飞或者降落时，应当遵守国务院民用航空主管部门规定的机场气象最低条件。当机场的天气实况低于机场气象最低条件时，航空器不得起飞或者着陆。在紧急情况下，如果航空器的机长决定低于机场气象最低条件着陆，须对其决定和由此产生的后果负完全的责任。

当机场天气实况十分恶劣，机场空中交通管制部门将关闭机场，禁止航空器起飞或者着陆。

第三十一条 在中华人民共和国境内的航路上或者起飞、降落机场附近有威胁航空器飞行的危险天气时，国务院民用航空主管部门有关的空中交通管制部门可以向外国民用航空器的机长提出推迟起飞、返航或者飞往备降机场的建议；航空器的机长对此类建议有最后的决定权并对其决定负责。

第三十二条 在中华人民共和国境内飞行的外国民用航空器，如果发现可能危及飞行安全的严重故障时，国务院民用航空主管部门的有关部门有权制止该航空器继续飞行，并且通知其登记国；该航空器可否继续飞行，由航空器登记国确定。

第三十三条 外国民用航空器在中华人民共和国境内飞行时，无论在任何情况下，均不准飞入中华人民共和国划定的空中禁区。国务院民用航空主管部门对飞入空中禁区的外国民用航空器的机长，将给予严肃处理，并且对该航空器飞入空中禁区所产生的一切后果，不负任何责任。

第三十四条 在特殊情况下，国务院民用航空主管部门公布临时关闭有关的航路或者机场时，与该航路或者机场飞行有关的外国民用航空器，必须根据国务院民用航空主管部门的航行通告或者有关的空中交通管制部门的通知，修订飞行计划。

第三十五条 在中华人民共和国境内飞行的外国民用航空器，除遇险情况下的跳伞外，只有得到国务院民用航空主管部门有关的空中交通管制部门的许可，并且在指定的条件下，才可以向地面投掷物品、喷洒液体和使用降落伞。

第三十六条 在中华人民共和国境内飞行的外国

民用航空器，如果发生严重危及航空器和机上人员安全，并且需要立即援助的情况时，其空勤组应当立即向国务院民用航空主管部门有关的空中交通管制部门发出遇险信号，以便及时进行搜寻和援救。遇险信号以无线电话发出时用"MAYDAY"，以无线电报发出时用"SOS"。遇险航空器在发出遇险信号后，应当尽可能将航空器呼号，遇险性质，现在的位置、高度、航向和机长的意图在遇险通信中发出。遇险通信应当在当时使用的地空无线电通信频率上发出；必要时，按照国务院民用航空主管部门有关的空中交通管制部门的通知，将通信频率转到紧急频率上继续进行联络。这种紧急频率在航行资料汇编中提供。

第三十七条 在中华人民共和国境内飞行的外国民用航空器，如果发生可能危及航空器或者机上人员安全，但不需要立即援助的情况时，其空勤组应当立即向国务院民用航空主管部门有关的空中交通管制部门发出紧急信号。紧急信号以无线电话发出时用"PAN"，以无线电报发出时用"XXX"。遇有紧急情况的航空器，在发出紧急信号后，还应当将航空器呼号，紧急情况的性质，现在的位置、高度、航向和机长的意图在紧急通信中发出。紧急通信应当在当地使用的地空无线电通信频率上发出；必要时，按照国务院民用航空主管部门有关的空中交通管制部门的通知，将通信频率转到紧急频率上继续进行联络。这种紧急频率在航行资料汇编中提供。

第三十八条　飞入或者飞出中华人民共和国国界的外国民用航空器，必须在指定的设有海关和边防检查站的机场降落或者起飞。

第三十九条　在中华人民共和国境内的外国民用航空器（包括其必须具备的文件以及空勤组成员、乘客和所载物品），应受中华人民共和国有关机关的检查。

第四十条　在中华人民共和国境内飞行的外国民用航空器，禁止载运爆炸物、易燃物、武器、弹药以及中华人民共和国政府规定的其他违禁品。

第四十一条　外国民用航空器在飞行中，如果空勤组成员或者乘客患急病，空勤组应当报告有关的空中交通管制部门，以便在降落后取得协助为病员进行必要的医疗。

第四十二条　在中华人民共和国境内飞行的外国民用航空器，如果违反本规则，中国人民解放军防空值班飞机可以强迫其在指定机场降落。违反国务院民用航空主管部门有关的空中交通管制部门的指示，以违反本规则论。

防空值班飞机拦截违反本规则的外国民用航空器和被拦截的外国民用航空器使用的信号，按照附件二的规定执行。

被强迫降落的外国民用航空器，只有得到国务院民用航空主管部门的许可，才能继续飞行。

第四十三条　飞入或者飞出中华人民共和国国界和在中华人民共和国境内飞行或者停留的外国民用航空器，其空勤组成员和乘客，如果违反本规则，由国务院民用航空主管部门或者其他主管机关根据具体情况给予罚款及其他处分；情节重大的由中华人民共和国人民法院处理。

第四十四条　本规则经中华人民共和国国务院批准后，由国务院民用航空主管部门发布施行。

附件一 辅助指挥、联络的符号和信号

顺序	含义	昼间	夜间
1	请求着陆	航空器通过跑道上空并且摇摆机翼	航空器通过跑道上空并且闪烁航行灯或者打开着陆灯
2	允许着陆	着陆地带铺设"T"字布或者发射绿色信号弹	打开"T"字灯或者发射绿色信号弹
3	禁止着陆	将"T"字布摆成"十"字形或者发射红色信号弹	将"T"字灯改成"十"字形或者发射红色信号弹
4	请求立即强迫着陆	航空器通过跑道上空并且发出一颗或者数颗信号弹	航空器通过跑道上空并且发出一颗或者数颗信号弹
5	命令在备降机场降落	在"T"字布位置摆一箭头式布,箭头指向备降机场	在"T"字灯位置摆一箭头式灯光,箭头指向备降机场
6	命令在迫降地带着陆	将"T"字布摆在迫降地带	关闭"T"字灯,用探照灯照射迫降地带
7	在机场上空做右起落航线飞行	在"T"字布前五米处用布摆一个三角形	在"T"字灯前五米处用灯光摆一个三角形
8	起落架未放下	将"T"字布分开五米或者发射红色信号弹	将"T"字灯分开五米或者发射红色信号弹

附件二 防空值班飞机拦截违反《外国民用航空器飞行管理规则》的外国民用航空器和被拦截的外国民用航空器使用的信号

类别	组别	拦截飞机的信号	含义	被拦截的外国民用航空器的信号	含义
拦截飞机先用的信号和被拦截的外国民用航空器回答的信号	第一组	昼间：在被拦截外国民用航空器的左前方摇摆机翼，得到问答后，向左作小坡度平飞转弯，进入应飞航向 夜间：同上，并且不规则地闪烁航行灯和着陆灯 注：如果由于气象或者地形条件限制，可以在违反规则的外国民用航空器右前方作此动作，接着向右转弯	你被拦截跟我来	昼间：摇摆机翼，并且进行跟随 夜间：同上，并且不规则地闪烁航行灯和着陆灯	明白，照办
	第二组	昼间或者夜间：在被拦截外国民用航空器的左前方，向左作大于90度的上升转弯，迅速脱离	你可以继续飞行	昼间或者夜间：摇摆机翼	明白，照办
	第三组	昼间：在机场上空盘旋，放下起落架，并且顺沿着陆航向通过跑道上空 夜间：同上，并且持续地打开着陆灯	你在此机场降落	昼间：放下起落架，进行跟随，并且通过跑道，如果认为能够安全着陆，即进行着陆 夜间：同上，并且持续地打开着陆灯	明白，照办

类别	组别	被拦截的外国 民用航空器的信号	含义	拦截飞机的信号	含义
被拦截的外国民用航空器先用的信号和拦截飞机回答的信号	第四组	昼间：在高出场面300米以上，但不高于600米，通过跑道，收起起落架，继续在机场上空盘旋 夜间：在高出场面300米以上，但不高于600米，通过跑道，闪烁着陆灯，继续在机场上空盘旋 如果不能闪烁着陆灯，可以闪烁其他任何灯光	你所指定的机场不适当	昼间或者夜间：如果需要被拦截的外国民用航空器跟随飞往备降机场，应当收起起落架，并且使用第一组信号 如果决定放行被拦截的外国民用航空器，应当使用第二组信号	明白，跟我来 明白，你可以继续飞行

外国民用航空器飞行管理规则

WAIGUO MINYONG HANGKONGQI FEIXING GUANLI GUIZE

经销／新华书店

印刷／保定市中画美凯印刷有限公司

开本／850 毫米×1168 毫米　32 开　　　　　　印张／1　字数／11 千

版次／2025 年 1 月第 1 版　　　　　　　　　2025 年 1 月第 1 次印刷

中国法治出版社出版

书号 ISBN 978-7-5216-5000-6　　　　　　　定价：5.00 元

北京市西城区西便门西里甲 16 号西便门办公区

邮政编码：100053　　　　　　　　　　传真：010-63141600

网址：http：//www.zgfzs.com　　　　编辑部电话：010-63141673

市场营销部电话：010-63141612　　　印务部电话：010-63141606

（如有印装质量问题，请与本社印务部联系。）